LA RÉVOLUTION

ET

LA MONARCHIE

CONFÉRENCE

FAITE

PAR UN ROYALISTE

1880

LE PASSÉ — LE PRÉSENT

ET

L'AVENIR DE LA FRANCE

CONFÉRENCE POLITIQUE

MESSIEURS,

Nous sommes réunis ici parce que nous aimons la France et que nous ne voulons pas la voir perdue, ruinée, déconsidérée, déshonorée par la république qui se démasque.

C'est avant tout parce que nous aimons la France que nous sommes royalistes, c'est parce que nous voyons que les révolutionnaires perdent et déshonorent notre chère patrie que nous détestons la révolution sous ses deux masques républicain ou bonapartiste.

Messieurs, la révolution est parvenue très habilement à duper bien des Français.

La révolution a pris bien des masques. Elle a fait croire qu'elle était la représentation de l'idée moderne, de l'idée de progrès, de civilisation et de liberté par opposition à l'idée d'ancien régime d'abus et de despotisme. Cela a été fort habile, et beaucoup d'hommes honnêtes se sont faits les disciples de la révolution, parce qu'ils croyaient défendre la France contre le despotisme et la servitude.

Eh bien, messieurs, cela a été une grande erreur. La révolution prend elle-même le soin de nous désabuser; elle a quitté son masque, et elle est en train de nous prouver qu'elle est la plus effroyable tyrannie, le plus épouvantable despotisme. Despotisme d'autant plus dangereux qu'il est impersonnel.

Absorption de tout par l'Etat, droit de l'Etat, liberté de l'Etat, voilà le programme révolutionnaire, et cela est commode. Sous cette étiquette, le citoyen n'est plus rien. Il n'est plus ni père de famille, ni chrétien; il n'a plus ni conscience, ni indépendance, ni liberté. Il n'est plus que contribuable ou fonctionnaire. Ah ! la belle chose que la révolution !

Je n'ai pas, messieurs, la prétention de vous faire un cours d'histoire, permettez-moi seulement de passer rapidement en revue avec vous les diverses phases par lesquelles nous avons passé depuis quatre-vingts ans.

Depuis 1789 nous avons vu, successivement, la fin de l'ancienne Monarchie française sous les Etats-Généraux, l'Assemblée nationale, l'Assemblée constituante et l'Assemblée législative, les journées de cette honteuse période ont été les 5 et 6 octobre, le 20 juin, le 10 août, les massacres des 2, 3, 4, 5, 6 et 7 septembre.

En 1792, nous avons eu la République, la Convention et la Terreur.

Alors toutes les journées furent marquées par des crimes. Les grands hommes de cette période furent des gredins comme Marat, Danton, Carrier, St-Just, Collot-d'Herbois, Fouché, Couthon, Robespierre.... Ses gloires furent ses crimes, comme le 21 janvier et le 16 octobre. Ses héros furent les sans-culottes et les égorgeurs. Son costume fut la carmagnole et le bonnet rouge. Ses fêtes, les Sans-Culotides et la fête de la Déesse Raison. Sa loi, la guillotine. Ses chants patriotiques, la *Marseillaise* et le *Ça ira* !

Après la Convention et la Terreur, le Directoire, avec sa démoralisation, son immoralité, ses agiotages et ses orgies.

Après le Directoire, le Consulat; après le Consulat, l'Empire.

A la suite des crimes et des malheurs sans nom de la première République, un soldat, un grand et habile général a compris que les scélérats eux-mêmes avaient la lassitude du sang, de la boue et de l'orgie républicaine.

Son ambition égalait son génie, il devina qu'il pouvait s'emparer de la France, et il en fit son esclave. La victoire fut son excuse, son baptême et son sacre. Sa grande armée fut son droit et sa politique. Il conquit l'Egypte, l'Italie. Il fut quelque temps maître de l'Espagne et de l'Allemagne. Il eût voulu conquérir la Russie et l'Inde.....

Et cependant l'Empire, malgré toute sa force, toute sa puissance, toutes ses victoires, fut englouti dans un immense désastre.

Qu'est-il resté de toutes ces conquêtes, de toutes ces victoires ? Rien que le génie militaire d'un homme dont l'insatiable ambition a fait couler le sang de deux millions d'hommes.

On trouve, Messieurs, dans les mémoires du prince de Metternich qui viennent d'être publiés, une page bien curieuse et bien instructive.

En 1813, après la désastreuse campagne de Russie, alors que l'Europe se coalisait de nouveau contre la France ou plutôt contre Napoléon, ce dernier pouvait encore conclure une paix avantageuse et honorable. Le prince de Metternich conjurait l'empereur de faire cette paix. Il lui montrait la France épuisée venant de lui donner, pour gagner les batailles de Lutzen et de Bautzen, une armée d'enfants qui s'étaient battus, il est vrai, comme les vieux soldats morts en Russie. A ces sages et puissantes sollicitations l'empereur répondit : « Les souverains comme le vôtre nés sur le trône » peuvent être vaincus vingt fois et rentrer toujours dans » leurs capitales. Moi je ne le puis pas, parce que *je suis un* » *soldat parvenu*. Ma domination ne survivra pas au jour » où j'aurai cessé d'être craint. »

Et comme le Prince de Metternich insistait en lui faisant entrevoir les torrents de sang qui allaient couler, Napoléon lui répondit : « *Un homme comme moi se soucie peu de la* » *vie d'un million d'hommes...* » Et le prince de Metternich laisse entendre que l'empereur se servit d'une expression plus brutale et plus cynique encore. Voilà l'empire jugé par Napoléon lui-même.

En 1815, Napoléon voulut encore ressaisir sa domination. Ce retour de l'île d'Elbe nous a coûté une seconde invasion, une occupation étrangère, une partie de nos frontières, beaucoup de millions, beaucoup de sang.

Et tout cela pour l'égoïste ambition d'un homme.

Ah ! ce nom des Napoléons devrait être maudit !

La restauration monarchique de 1814 à 1830 fut une halte dans la Révolution et la phase la plus heureuse, la plus prospère, la plus libre et la plus réparatrice de notre histoire contemporaine.

En 1830, 321 députés de l'opposition appuyés par l'émeute renversèrent les Bourbons du trône et y firent monter un prince de la maison d'Orléans. Ce fut la porte ouverte de nouveau à la révolution. Ah ! Messieurs, 1830 fut une grande faute et un grand malheur. Les *doctrinaires*, le centre-gauche d'alors, qui firent cette petite et mesquine révolution, ceux qui changèrent le drapeau de la France sur le pavé des barricades ne comprirent pas la portée de cette révolution ; et tous ou presque tous, comme M. Guizot, qui fut le chef des doctrinaires, se frappèrent la poitrine en mourant et reconnurent leur erreur.

Le gouvernement de Juillet, né d'une émeute, disparut dans une émeute.

La République de 1848 nous a valu les sanglantes journées de juin, le coup d'État de décembre et le troisième empire, qui, lui, nous a coûté une troisième invasion et le démembrement de la France.

Après l'empire tombé à Sédan dans un désastre comme nous n'en avions pas connu dans notre histoire nationale, la république du 4 Septembre, avec le génois Gambetta comme dictateur, et des polichinelles comme Crémieux et Glais-Bizoin, nous a conduits où nous sommes. Ce fut la dictature de l'incapacité et le gouvernement des avocats.

Nous devons à ce gouvernement la perte de deux provinces, une rançon de cinq milliards payée à la Prusse; nous lui devons aussi la Commune.

De sorte que sans compter l'ancienne monarchie qui, pendant treize cents ans a fait la France, sans compter la république du 4 Septembre qui durera je ne sais combien de mois ou de jours encore, l'existence moyenne de nos divers gouvernements depuis 1789 a été de 7 ans et 9 mois.

Ah ! Messieurs, quelle ne serait pas la puissance, la prospérité, la richesse de notre patrie si elle ne s'était pas abandonnée aux étreintes de la révolution ! Si la première république ne lui avait pas dévoré plus de soixante milliards ! Si la révolution n'avait pas paralysé pendant des années tout travail, toute industrie, toute production. Si l'empire n'avait pas fait couler inutilement le sang de plus de deux millions d'hommes ! Si nous n'avions pas eu à payer, en 1871, une rançon de cinq milliards ! Si nous n'avions pas eu les hontes, les crimes, les dévastations et les incendies de la Commune !

Comment un citoyen, s'il aime la France, peut-il se dire républicain après les crimes, les ruines et les hontes de la République, ou bonapartiste, après les trois invasions que nous devons à ce régime maudit.

M. Thiers, qui lui aussi était un révolutionnaire, et qui était, il le croyait peut-être, devenu républicain, a dit cependant dans un célèbre discours : — « La république a été » essayée d'une manière concluante. On nous objecte tous » les jours, ce n'est pas la république sanglante comme » celle de la Convention que nous voulons. Nous la voulons » paisible et modérée. Eh bien, on commet une erreur » grave quand on dit que l'expérience n'a pas porté sur ces » deux points. Il y a eu une république sanglante, puis une » république qui avait l'intention d'être modérée.

» Sous le Directoire, c'étaient des hommes comme Laré-» veillère-Lépaux, Barthélemy, Rewbel, Sieyès, Carnot, » hommes modérés, honnêtes (M. Thiers les appelle hon-

» nêtes!) capables, qui voulaient non pas la république de sang,
» mais la république paisible. La victoire n'a pas manqué à
» ces hommes : ils ont eu les plus belles, Rivoli, Castiglione
» et mille autres. La paix ne leur a pas manqué non plus :
» car Napoléon leur avait donné celle de Campo-Formio.

» Cependant en quelques années le désordre était partout.
» Le Trésor était livré au pillage, personne n'obéissait : les
» généraux les plus honnêtes se refusaient à obéir aux
» ordres du gouvernement, c'était un mépris, un cahos
» universel. Il fallut que les généraux vinssent renverser ce
» gouvernement à coups de pied. Ainsi donc il s'est fait en
» France une expérience concluante sous les deux rapports.
» On a eu la république sanglante et la république qui vou-
» lait être modérée, et qui n'est arrivée qu'au mépris.
» Aussi la France en a horreur, quand on lui parle de répu-
» blique, elle recule épouvantée. Elle sait que le gouverne-
» ment tourne au sang ou à l'imbécillité. »

Ah ! oui la France devrait reculer épouvantée, surtout
depuis qu'elle connait les jugements de nos adversaires. Le
prince de Bismarck qui a été notre implacable ennemi
écrivait dans des dépêches diplomatiques confidentielles,
mais que, pour notre enseignement, un procès célèbre a
rendues publiques « que l'Allemagne n'avait à redouter ni
la république ni l'empire.... »

» — Que l'intérêt de l'Allemagne était que la France reste
» faible et sans alliés. Que la République, et à défaut de la
» République, l'Empire est le régime sous lequel la France
» parviendra le moins à se relever.....

» — Que si l'Allemagne, après la guerre, s'était trouvée
» en présence d'une France monarchiquement constituée,
» elle eût été forcée d'imposer des conditions beaucoup
» moins exorbitantes.....

» — La France, monarchiquement constituée, constitue-
» rait pour l'Allemagne un danger bien plus grand que celui
» que le contact des institutions républicaines pourrait
» faire surgir..... Le spectacle que ces institutions nous
» présentent est plutôt fait pour servir d'épouvantail....

» — Nous sommes forcés de désirer que la France reste
» faible; et nous agissons déjà d'une façon désintéressée en
» ne nous opposant pas par la force à l'établissement d'ins-
» titutions monarchiques solides qui lui permettraient de
» conclure des alliances....

» — Je suis persuadé, dit toujours M. de Bismarck,
» qu'aucun Français ne songerait jamais à nous aider à
» reconquérir les bienfaits d'une Monarchie, si Dieu faisait

» peser sur nous les misères d'une anarchie républicaine.....

» — La France nous sert d'exemple salutaire. Si la
» France représentait devant l'Europe un second acte du
» drame de la Commune (et M. de Bismarck ajoute — ce que
» je ne désire pas par humanité) elle contribuerait à faire
» apprécier davantage aux Allemands les bienfaits d'une
» constitution monarchique et augmenterait leur attache-
» ment aux institutions de leur monarchie.... »

Ainsi, messieurs, les enseignements ne nous ont pas
manqué. Nous avons ceux de notre histoire et de nos malheurs : nous avons ceux du jugement porté par nos ennemis
les plus habiles, les plus redoutables et les plus acharnés.

M. de Bismarck se frotte les mains, il se réjouit en vo-
yant les républicains faire si bien son jeu : il assiste avec
jubilation à la désorganisation de nos forces militaires, désorganisation poursuivie avec une telle ardeur républicaine
par le ministre de la guerre et qui lui permettra de nous
refaire la guerre avantageusement au moment qu'il jugera
le plus *psycologique*.

Comment comprendre alors que des hommes qui se disent
patriotes osent crier encore — Vive la république ! ou vive
l'empereur !

Messieurs, dans cette succession d'étapes révolutionnaires que j'ai rapidement essayé de faire passer sous vos
yeux, il est naturel que l'idée royaliste se soit affaiblie.
Nous descendions une pente fatale, nous vivions d'expé-
dients politiques. L'expédient du jour faisait oublier celui de
la veille : et nous comptions avec plus ou moins d'anxiété sur
celui du lendemain, c'était, comme on l'a dit, *la crainte de pire
et la faute de mieux* qui était notre politique, et qui faisait
soutenir le plus souvent le gouvernement de surprise et d'a-
venture qui n'avait aucune racine dans les entrailles du pays.

La Révolution poursuivait son œuvre et elle ne cessait de
répandre ses mensonges et ses calomnies sur la Monarchie.
Les royalistes étaient ridiculisés : on s'habituait à les con-
sidérer comme des débris fossiles d'une époque antédilu-
vienne. On les représentait avec des ailes de pigeon et la
queue de l'ancien régime.. Eh bien, messieurs, oui, pendant des années les royalistes ont été peu nombreux, je
vous l'accorde ; tant que l'on n'avait pas peur on les a laissés
de côté. Mais il n'en est pas ainsi aujourd'hui. A force de
descendre nous sommes arrivés au bas de l'échelle, et après
ce dernier échelon il n'y a plus que l'abîme. Y serons-nous
précipités ? Y roulerons-nous ? La France doit-elle périr ?
Permettez-moi d'espérer que non. Malgré toutes ses fautes,

toutes ses défaillances, elle peut encore se relever et réparer ses ruines matérielles et morales.

Mais comment le peut-elle ?

Est-ce en cherchant le salut comme elle l'a essayé si souvent dans une nouvelle aventure et un nouvel expédient ? Non, mille fois non.

Elle a essayé d'une république que l'on disait modérée, conservatrice, aimable, et par la force des choses cette république est devenue la Marianne, la souillon, la dévergondée que nous voyons. Ce rêve, cette chimère d'une république modérée, il n'est plus possible à un honnête homme de l'avoir.

Il n'est pas plus possible à un honnête homme, à un homme de bon sens, de fonder un espoir de salut national dans un quatrième retour à l'empire.

L'empire, messieurs, a pu faire l'illusion du salut à certains esprits honnêtes, alors qu'il était personnifié dans un jeune prince qui, disait-on, et je veux le croire, avait des sentiments honnêtes, élevés, religieux Mais Dieu a brusquement tranché les jours de ce jeune prince comme s'il eut voulu arracher le bandeau qui couvrait encore les yeux de nos concitoyens. Et l'Empire se trouve aujourd'hui représenté pour son malheur et pour sa honte, par la personnalité la plus justement décriée et la plus méprisable entre toutes.

Et cependant, il y a des hommes qui se disent conservateurs, qui se disent honnêtes, qui se disent patriotes, qui se disent chrétiens, qui prétendent vouloir sauver du naufrage révolutionnaire ce qui reste encore en France de vertu et d'honneur, qui osent être impérialistes avec le prince Jérôme Napoléon, avec celui que l'on appelle Plonplon !

Allons, à bas les masques ! A ceux-là nous crierons : — Soyez révolutionnaires, soit ; mais ne vous affublez pas d'un masque conservateur !

Le prince Napoléon a heureusement souvent parlé, au Sénat impérial, à Ajaccio, à la Chambre des députés, et il a toujours affirmé avec cynisme qu'il était du parti de la révolution, du parti athée, tant en France qu'en Europe.

Un épicurien, un jouisseur, un matérialiste, un révolutionnaire et un athée, voilà l'homme qui représente aujourd'hui l'Empire et l'idée bonapartiste.

Voici comment il était jugé, non par nous ses adversaires et ses ennemis, mais en par des impérialistes eux-mêmes.

Le *Pays* disait :

« Le prince Jérôme Napoléon est hors de l'empire, il n'y
» rentrera jamais. Il a trouvé sa place véritable, et sié-
» gera à la Chambre des députés entre le dédain des répu-
» blicains et le *mépris des Bonapartistes.* » Le même journal,
le *Pays*, rédacteur en chef M. Paul de Cassagnac, écrivait
encore : — « C'est complet, le Bonaparte qui passe à la
» république couronne sa trahison. Il disait que dans sa
» famille il n'y avait pas de traitres. C'était un mensonge ;
» Jérôme-Égalité se dessine. Il ne lui manque plus qu'un
» Louis XVI à livrer aux bourreaux. Il n'y a rien de changé
» dans la situation : *Il n'y a qu'un communard de plus !...* »

Un autre journal impérialiste écrit après la mort du
prince impérial : — « Si c'est cet homme (Jérôme) qui doit
» montrer aux conservateurs le chemin du devoir, de la
» discipline et de l'honneur, que le drapeau de l'empire
» soit à jamais cloué dans le cercueil du jeune prince ;
» mieux vaut qu'il soit enseveli *que déshonoré.* »

Un autre encore : — « On s'est incliné devant la person-
» nalité la plus décriée, la plus justement impopulaire qui
» soit en France, des milliers d'hommes entre les meilleurs
» étaient prêts à risquer la liberté et la vie pour le fils de
» Napoléon III, mais qui donc risquerait seulement le petit
» doigt pour le prince Jérôme ? Sa présence à la tête du
» parti bonapartiste suffit pour éloigner de l'Empire les
» catholiques fervents, les soldats loyaux et les paysans
» honnêtes... *Non, nous ne subirons pas cette honte et cette
» douleur de voir Jérôme à la tête du parti impérialiste.
» Nous avons exprimé et nous exprimons encore aujour-
» d'hui* TOUT LE MÉPRIS *que nous inspire Jérôme dévoyé...* »

Eh bien, malgré cette explosion de mépris, le journal le
Pays ose demander au prince Jérôme *des garanties* ! Ah !
messieurs, comme on serait bien avancé si le prince don-
nait les garanties demandées. Mais le prince Jérôme vient
de les donner ces garanties, seulement ce n'est pas aux
conservateurs qu'il les donne. Dans sa *Lettre à un ami* il
approuve sans réserves les décrets de proscription et de
persécution religieuse de M. Ferry.

Mais l'empire, d'ailleurs, a toujours été prodigue de garanties et de serments !

Le 11 juin 1848, Louis Napoléon écrivait aux électeurs
de la Seine, de l'Yonne, de la Sarthe et de la Charente : —
« Rallions-nous donc tous autour de l'autel de la patrie
» sous le drapeau de la République... »

Le 26 septembre 1848, il écrivait encore : « Après 33

» ans de proscription et d'exil, je retrouve enfin ma patrie
» et mes droits de citoyen. La République m'a fait ce bon-
» heur, qu'elle reçoive mon serment de reconnaissance et
» de dévouement... »

Ah ! les serments coûtent peu aux Bonapartes !

Candidat à la présidence, Louis-Napoléon écrivait encore : — « Je ne suis pas un ambitieux qui rêve l'empire.
» Si j'étais nommé président de la République je me dé-
» vouerais tout entier, sans arrière-pensée, à l'affermisse-
» ment d'une République sage par ses lois, honnête par ses
» intentions, forte par ses actes. »

Le 20 décembre, à la tribune de l'assemblée nationale, il
prononçait enfin le serment suivant : — « En présence de
» Dieu et devant le peuple Français représenté par l'as-
» semblée nationale, je jure de rester fidèle à la Répu-
» blique démocratique une et indivisible, et de remplir tous
» les devoirs que m'impose la constitution. Je remplirai en
» homme d'honneur mon devoir tracé par mon serment. Je
» regarderai comme ennemis de la patrie tous ceux qui
» tenteraient par des voies illégales de changer la forme
» du gouvernement. »

Quelques mois après ces déclarations et ces serments,
Louis Napoléon faisait le coup d'Etat et étouffait, une nuit,
la Constitution et la République qu'il avait juré de proté-
ger et de défendre !

Les déclarations d'une nature différente que celles conte-
nues dans la *Lettre à un ami* que Plonpon pourrait faire
pour les besoins de sa cause doivent donc peu nous importer,
et ils sont bien aveugles, bien naïfs ou bien coupables ceux
qui se contenteraient des garanties données par lui !

Et cependant, le journal l'*Ordre* ose dire aujourd'hui que
le parti bonapartiste représenté par le prince Jérôme —
« est la paix religieuse et a le secret des pacifications der-
» nières !... »

A d'autres ! Nous ne sommes pas assez bêtes pour nous
laisser berner ainsi. « Le prince, comme le disait un journal
» bonapartiste, s'est vautré dans la démagogie. » Eh bien,
qu'il reste dans la fange où il s'est vautré. Ce n'est pas à
nous, hommes honnêtes, à le laver de ses souillures.

Mais que reste-t-il alors pour sauver la France ?

Il nous reste, Messieurs, notre vieille Monarchie nationale avec celui qui en est le représentant, Henri V, Henri
de France, le descendant de Saint-Louis, de Louis XII,
surnommé le père du peuple, de Henri IV, de Louis XIV, de
Louis XVI, le restaurateur de la liberté.

Il y a, messieurs, deux manières d'être royaliste. On est royaliste par sentiment, par attachement à la personne du Roi ; on est aussi royaliste par raisonnement : cette seconde manière est la meilleure. Quand on a vu Henri de France, on peut être subjugué par cette majesté de l'honneur, de la loyauté, du désintéressement, du patriotisme ; on est sous le charme comme le sont tous ceux qui ont eu l'honneur de l'approcher. Ceux-là sont des royalistes de sentiment. Mais le plus grand nombre ne peut connaître, hélas ! personnellement le Roi, ceux-là sont alors royalistes par raisonnement. C'est la force des choses, la logique et le patriotisme qui conduit ceux-là à être royalistes.

Ils comprennent que le salut de la France est dans le principe monarchique.

Il est une chose que tous, amis comme ennemis, reconnaissent, une chose sur laquelle il y a accord unanime, c'est que le Prince héritier de nos 80 Rois est avant tout la plus haute représentation de l'honneur et de l'honnêteté. Personne ne conteste la haute intelligence d'Henri V, mais personne surtout ne songe à contester son honneur, sa parole, sa loyauté, son honnêteté. Alors donc que vient le jour où la France, écœurée de ses gouvernements et de ses gouvernants, a soif d'honnêteté dans son administration, dans sa politique, dans la gestion de ses finances, c'est vers le Roi que se tournent les regards, les vœux et les espérances.

On compare et on comprend.

La République est l'instabilité perpétuelle : la Monarchie est au contraire la stabilité du pouvoir.

Pouvez-vous, messieurs, me compter et me dire combien il y a aujourd'hui d'aspirants à la présidence de la république ? Sous la république c'est le : *ôte-toi de là que je m'y mette*. Chacun veut arriver et tous les moyens sont bons pour arriver.

Sous la Monarchie, *chacun peut arriver*, ce qui est bien différent.

Car, messieurs, vous ne croyez pas, je n'ai pas besoin de vous adresser cette question, au despotisme et aux privilèges ? Il y en a beaucoup parmi les révolutionnaires qui parlent bien haut de l'ancien régime, du retour aux abus, mais si beaucoup en parlent, aucun n'y croit.

Oui, il y a eu des abus sous l'ancien régime, mais il est tout aussi absurde de croire au retour de ces abus que de croire qu'il serait possible aujourd'hui de renoncer aux chemins de fer pour revenir au coche, ou de renoncer à à l'imprimerie pour en revenir aux manuscrits de l'antiquité et du moyen-âge.

Le monde marche, messieurs, et il est impossible de revenir jamais sur un progrès, sur une civilisation, sur une découverte.

Il en est de même dans l'ordre politique: interrogez n'importe quel républicain radical, demandez à ce républicain de vous dire de quel abus il a peur, quel privilége il redoute lorsque la Monarchie sera restaurée et Henri V roi de France: et vous verrez qu'il ne saura que vous répondre.

Trois choses sont acquises à tout jamais :

L'égalité devant la loi.

L'égalité devant l'impôt !

L'accessibilité de tous à tous les emplois, à toutes les fonctions, à tous les honneurs.

Mais si les abus de l'ancien régime ne sont pas à craindre, il n'en est pas de même des abus de la République.

La tyrannie d'une assemblée révolutionnaire est mille fois plus effroyable que le despotisme d'un seul, même si ce despotisme pouvait s'exercer.

La République, de plus, elle nous le prouve aujourd'hui de la manière la plus concluante, ne peut vivre avec la liberté.

Vous connaissez, Messieurs, les décrets qui viennent d'être signés par le gouvernement et comment ils ont été signés. Le ministre de l'instruction publique, le célèbre Ferry, avait présenté l'année dernière un projet de loi contre la liberté de l'enseignement. Cette loi fut votée par la Chambre des députés, cela va sans dire. Alors la France catholique, la France libérale s'émut. 1,800,000 citoyens signèrent une protestation contre cette loi : la majorité de nos conseils généraux protesta aussi. Cette année, le Sénat à son tour, discuta la loi et rejeta le fameux article VII qui, au nom de la liberté, interdisait aux membres des congrégations religieuses le droit d'enseigner. Alors le gouvernement signa les décrets de l'autre jour, dans lesquels il annonce qu'il va faire appliquer les lois existantes. Or, savez-vous ce que sont ces lois?

Il y a celle de 1792, signée *Danton*, huit jours après le 10 août, quatorze jours avant les massacres de septembre !

Ce sont des décrets d'arbitraire, de violence, de tyrannie et d'iniquité. La république en arrive à nous démontrer elle-même qu'elle ne peut vivre avec la liberté : qu'elle ne peut exister si quelques religieux prient en commun, se dévouent en commun au soulagement des pauvres et des malades, se consacrent en commun à l'enseignement de l'enfance et de la jeunesse !

Quelques jésuites lui font peur ! Dans quelques colléges admirablement tenus, ils enseignent à plusieurs milliers de nos enfants et les préparent à subir avec succès les épreuves des examens et des concours. Eh bien, Messieurs, vous ne vous en doutiez pas, ces colléges et ces jésuites sont un danger pour la République et pour le gouvernement ! ! ! Les préfets des départements dans lesquels se trouvent ces colléges ne peuvent dormir, les malheureux ! et la République s'apprête à fermer brutalement ces colléges et à poursuivre et à persécuter des religieux qui sont citoyens, qui sont électeurs au même titre que vous et moi.

Que de choses il y aurait à dire, Messieurs, sur ces décrets révoltants contre lesquels protestent avec la plus magnifique unanimité tous les hommes honnêtes ; mais je m'arrête, je n'ai été que trop long.

Ce que j'ai voulu essayer de vous démontrer, c'est que la révolution ne nous a donné ni l'honneur, ni la vertu, ni la gloire, ni la liberté. C'est que la république a fait banqueroute à toutes ses promesses : c'est qu'elle a sciemment trompé tous ceux à qui elle avait juré que tous les droits seraient respectés. La république aujourd'hui va proscrire en attendant qu'elle tue. Cette besogne lui convient. Elle ne peut vivre avec la liberté : l'émeute à la base, la proscription au sommet, voilà son caractère. Elle déshonore et ruine la France. Elle nous rend la risée et le mépris de l'Europe. Elle convient à nos ennemis, et fait leurs affaires. C'est sa honte et son crime.

Voilà pourquoi nous sommes royalistes, c'est pour le salut et l'honneur de la France ; affirmons-nous donc de plus en plus ; faisons des prosélytes ; appelons à nous tous les honnêtes gens, tous les patriotes. Disons bien haut pourquoi nous détestons la révolution, la république et l'empire. Disons, le front haut, que nous sommes royalistes et que quand nous crions : Vive le Roi ! cela veut dire : Vive la France !

EXTRAIT DES DÉCLARATIONS

DE

HENRI DE BOURBON

« Je n'ai pas une parole à rétracter, pas un acte à regretter car ils m'ont tous été inspirés par l'amour de ma patrie; et je revendique hautement ma part de la responsabilité des conseils que je donne à mes amis. »

15 octobre 1872.

« La Monarchie, c'est la maison Royale de France indissolublement unie à la nation. »

Manifeste du 25 octobre 1852.

« Dieu en me faisant naître m'a imposé de grands devoirs envers la France ; je ne les oublierai jamais, on peut abdiquer un droit, *on n'abdique pas un devoir.* »

25 juin 1853.

« Quels que soient les desseins de la Providence sur moi, je n'oublierai jamais que le grand Roi Henri IV, mon aïeul, a laissé à tous ses descendants l'exemple et le devoir d'aimer le peuple, c'est là un héritage qui ne peut m'être enlevé. »

1866.

« Français avant tout, je n'ai jamais souffert que mon nom soit prononcé lorsqu'il ne pourrait être qu'une cause de division et de trouble, mais si mon pays a jamais besoin de moi, qu'il se souvienne alors *que mon bras, que mon cœur, que ma vie,* que tout est à lui, et qu'il peut toujours compter sur moi. »

1er juin 1848 — 25 octobre 1852.

« Le plus beau jour de ma vie serait celui où je verrais les partis rapprochés dans un commun patriotisme, la famille Royale réunie autour de son chef, dans les mêmes sentiments de respect pour tous les droits, de fidélité à tous les devoirs, d'amour et de généreux dévouement pour la patrie. »

Août 1848.

- « Je conserve donc ma conviction profonde que c'est dans l'union de notre maison, et dans les efforts communs de tous les défenseurs des institutions monarchiques que la France trouvera un jour son salut. Les plus douloureuses épreuves n'ébranleront pas ma foi. »

A Mgr le duc de Nemours — 5 février 1857.

« C'est à nous de marcher à la tête du mouvement social, pour lui donner une sage et utile direction, de nous montrer toujours et partout les plus empressés comme les plus habiles à faire le bien et de prouver ainsi à la France et aux classes laborieuses de quel côté sont leurs vrais amis et les défenseurs constants de tous leurs intérêts. »

15 juin 1847.

« Que les hommes de cœur, que tous ceux qui aiment sincèrement leur pays, unissent leurs efforts aux miens, et la France sera sauvée. »

18 mars 1851.

« Effaçons jusqu'au souvenir de nos dissensions passées, si funestes au développement du véritable progrès et de la vraie liberté.

» Français, qu'un seul cri s'échappe de notre cœur.

» *Tout pour la France, par la France et avec la France.* »

9 octobre 1870.

« Mon règne ne saurait être ni la ressource ou l'œuvre d'une intrigue, ni la domination d'un parti. »

15 janvier 1849.

« Exempt de préjugés, loin de me renfermer dans un esprit étroit d'exclusion, je m'efforcerai de faire concourir tous les talents, tous les caractères élevés, toutes les forces intellectuelles de tous les Français à la prospérité et à la gloire de la France. »

5 octobre 1844 — 23 janvier 1851.

« Loin de repousser personne, je serais heureux, au contraire, d'accueillir tous les hommes utiles, dans quelque situation politique qu'ils se soient trouvés, à quelque nuance d'opinion qu'ils appartiennent, pourvu qu'ils apportent au service de l'Etat un zèle éclairé et un véritable dévouement. »

28 février 1852.

« Le bonheur de la France ne peut être assuré que par l'alliance sincère des principes monarchiques avec les libertés publiques. »

22 janvier 1848.

« Français,

» Je ne puis oublier que le droit monarchique est le patrimoine de la Nation, ni décliner les devoirs qu'il m'impose envers elle.

» Ces devoirs, je les remplirai, *croyez-en ma parole d'honnête homme et de Roi.* Dieu aidant, nous fonderons ensemble et quand vous le voudrez, sur les larges assises de la décentralisation administrative et des franchises locales, un gouvernement conforme aux besoins réels du pays. »

5 juillet 1871.

« La République inquiète les intérêts autant que les consciences. Elle ne peut être qu'un provisoire plus ou moins prolongé. La Monarchie seule peut donner la vraie liberté et n'a pas besoin de se dire conservatrice pour rassurer les honnêtes gens. »

15 octobre 1872.

« Ma personne n'est rien, mon principe est tout.

» La France verra la fin de ses épreuves quand elle voudra le comprendre. *Je suis le pilote nécessaire, le seul capable de conduire le navire au port, parce que j'ai mission et autorité pour cela.* »

27 octobre 1873.

« Français,

» La France a besoin de la Royauté. Ma naissance m'a fait votre Roi. Je manquerais au plus sacré de mes devoirs si je ne tentais un suprême effort pour renverser la barrière des préjugés qui me sépare encore de vous. Je connais toutes les accusations portées contre ma politique, contre mon attitude, mes paroles et mes actes.

» Le jour où, vous et moi, nous pourrons, face à face, traiter ensemble des intérêts de la France, vous apprendrez comment l'union du peuple et du Roi a permis à la Monarchie française de déjouer, pendant tant de siècles, les calculs de ceux qui ne luttent contre le Roi que pour dominer le peuple. »

2 juillet 1874.

« Je l'ai répété souvent, je suis prêt à tous les sacrifices compatibles avec l'honneur, à toutes les concessions qui ne seraient pas des actes de faiblesse. »

20 janvier 1872.

« Français,
» Je suis prêt aujourd'hui comme je l'étais hier. »

2 juillet 1874.

« *Je n'abdiquerai jamais.*
» Je ne laisserai pas porter atteinte, après l'avoir conservé intact pendant quarante années, au principe monarchique, patrimoine de la France, dernier espoir de sa grandeur et de ses libertés. »

29 janvier 1872.

« Je ne sais quelles actions de grâces rendre à la Providence qui a permis le réveil des cœurs et des âmes et suscité ces généreux élans qui m'apportent de tous les points de la France les plus nobles protestations contre l'oppression des consciences et l'anéantissement de nos plus chères libertés. »

26 juillet 1879.

« Je ne suis pas un parti et je ne veux pas revenir pour régner par un parti. Je n'ai ni injure à venger, ni ennemi à écarter, ni fortune à refaire, sauf celle de la France.
» *La parole est à la France, l'heure est à Dieu.* »

15 juillet 1879.

HENRI.

Tours. — Imp. E. Mazereau.